RÉPONSE

A

CHARLES RENOUVIER

DIRECTEUR DE LA CRITIQUE PHILOSOPHIQUE

AU SUJET DE

SON APPRÉCIATION

DE

L'ESQUISSE D'UNE PHILOSOPHIE SYNTHÉSISTE

PAR

CHARLES RICHARD

PARIS

LIBRAIRIE DES SCIENCES SOCIALES

3, RUE HAUTEFEUILLE, 3

1875

RÉPONSE

A

CHARLES RENOUVIER

RÉPONSE

A

CHARLES RENOUVIER

DIRECTEUR DE LA CRITIQUE PHILOSOPHIQUE

AU SUJET DE

SON APPRÉCIATION

DE

L'ESQUISSE D'UNE PHILOSOPHIE SYNTHÉSISTE

PAR

CHARLES RICHARD

PARIS

LIBRAIRIE DES SCIENCES SOCIALES

3, RUE HAUTEFEUILLE, 3

1875

INTRODUCTION

Un bon camarade d'école, Ch. Renouvier, pour lequel je professe la plus haute estime et la plus affectueuse sympathie, a bien voulu rendre compte, dans la Revue qu'il dirige, de mon dernier ouvrage , intitulé : *Esquisse d'une Philosophie synthésiste*. Tout en rendant hommage à la sincérité et à la bienveillance relative de son appréciation, j'ai trouvé que mon ami ne reproduisait pas avec une fidélité suffisante, les idées, ou mieux le système, que je me suis proposé de répandre. Je lui ai alors écrit pour lui demander s'il se refuserait à publier dans sa Revue, les rectifications que je désirais lui présenter pour éclairer le jugement de ses lecteurs. Ch. Renouvier m'a répondu sous une forme hésitante, il est vrai, mais néanmoins assez engageante, qu'il accepterait ma réponse avec plaisir, pourvu qu'elle restât dans les limites sereines et méthodiques, indiquées par la nature même du sujet. Cette réserve était évidemment inutile à formuler, attendu qu'un philosophe digne de ce nom, se l'impose toujours, et ne saurait discuter sans l'observer scrupuleusement.

Encouragé par cette promesse, je me suis donc mis à rédiger ma petite défense et l'ai adressée à mon critique. Celui-ci, après l'avoir lue, me l'a retournée en me disant que, réflexion faite, il ne croyait pas devoir la publier, malgré la convenance parfaite de sa forme, qu'il se plaisait à reconnaître.

Quoique revenu de tous les étonnements de ce monde, ce refus inattendu, m'arrivant brusquement, d'un esprit aussi distingué, m'a cependant, je le confesse, produit une certaine surprise. Mais, la première impression passée, j'en ai pris philosophiquement mon parti, et d'autant plus aisément, que ce petit incident venait à propos me donner raison, sur un point de morale en litige entre nous.

J'ai professé à l'encontre de Kant et de Renouvier lui-même, qu'il ne pouvait y avoir d'impératif en morale, et que chacun se faisait une casuistique particulière, qu'il préférait à toute autre. La preuve en ressort d'une manière évidente du cas particulier où nous nous trouvons.

En ce qui me concerne, convaincu que la philosophie, loin de fuir les débats, doit les appeler au contraire, pour dégager une lumière profitable à tous, j'aurais été heureux d'ouvrir les colonnes de ma Revue — si j'en avais possédé une — à un ami qui se serait proposé de discuter sincèrement ma manière de voir. Ma casuistique personnelle, m'en aurait fait un devoir à la fois impérieux et agréable. Ch Renouvier, qui est pourtant très fort en morale, puisqu'il en a fait un traité spécial, en deux remarquables volumes, arrive à une conséquence toute différente. Ce conflit antinomique, n'est-il pas une preuve manifeste, que dans l'ordre moral, chacun n'obéit qu'à sa conscience, et que l'impératif n'y peut jouer qu'un rôle secondaire ?

Maintenant m'imaginant, à tort ou à raison, que mes observations sont justes et peuvent être profitables à mes semblables, quelle doit être mon attitude devant ce refus d'insertion de mon ami Renouvier ? Je consulte ma casuistique particulière et je trouve qu'elle m'ordonne de communiquer la critique et ma réponse, aux esprits qu'un débat de cette nature peut intéresser, et de les prier de prononcer entre nous.

C'est précisément ce que je fais.

Un dernier mot.

En nos temps de polémique furibonde, où beaucoup de gens s'injurient plume en main, uniquement parce qu'ils sont d'un avis différent, il n'est peut-être pas mauvais de montrer comment discutent deux philosophes qu'un désaccord sépare C'est un exemple salutaire qu'ils doivent à ceux qui prétendent que la philosophie n'est bonne à rien. Ils peuvent voir par là qu'elle sert au moins à se conduire avec dignité et justice. Ce qui est bien quelque chose.

EXTRAIT

DE LA

CRITIQUE PHILOSOPHIQUE

DU 1ᵉʳ JUILLET 1875

CHARLES RICHARD, ANCIEN ÉLÈVE DE L'ÉCOLE POLYTECHNIQUE : *Esquisse d'une Philosophie synthésiste. — Critère du jugement, conception générale du monde, règle de conduite. —* 1875. Un volume in-12. (Didier).

L'auteur, à la suite d'un passage intéressant où il oppose à l'hypothèse cosmogonique de la « formation de la nébuleuse » prise en un sens tout matérialiste, la nécessité de la *préexistence de la loi aux phénomènes*, et tout au moins la nécessité d'une *loi des possibles*, génératrice de toutes les autres, écrit les lignes qui suivent (p. 230) :

« On pourrait s'étendre plus longuement sur un sujet aussi délicat, mais je doute que de longs développements, sur le mode germanique, parvinssent à le présenter plus clairement qu'il n'apparaît dans ce modeste chapitre. La métaphysique ressemble un peu à la vase des marais : quand on y appuie trop, on s'y enfonce. Pour la traverser sans péril, il est donc prudent de se faire aussi léger que possible. C'est peut-être dans ce but qu'instinctivement, je viens de m'appuyer sur une nébuleuse. Bien m'en a pris, car sans son secours, j'aurais fort bien pu ne pas en sortir. »

Ce passage peut donner une idée de la légèreté d'allures que tient à se donner M. R..., en même temps que du sérieux de sa pensée, auquel cette légèreté ne nuit pas toujours. Il tient par dessus tout à ne point ennuyer son lecteur, et il réussit quelquefois même à l'amuser. Son style est naturel et piquant et n'exclut pas, dans son aimable laisser-aller, des coups de boutoir assez vifs portés sur les opinions, préjugés et mœurs du monde qui n'ont pas le don de l'égayer. On se tromperait fort si, même sous la plaisanterie et dans la désinvolture affectée, on ne sentait pas la passion honnête ou l'indignation qui dictent plusieurs de ses jugements. Aussi sommes-nous très loin de reprocher à M. R... les traits d'humour dont il a semé son livre, mais nous croyons qu'il s'est exagéré la nécessité de dire toutes choses « d'une manière agréable. »

Il y a des cas où les définitions et les arguments comportent irrémédiablement ce que les lecteurs qui veulent qu'on les amuse appellent ennui, et dont le

vrai nom est réflexion et travail de l'esprit. La clarté
sans l'agrément suffirait dans ces cas-là : la clarté,
qui n'est pas toujours facile, il s'en faut, car, sans la
précision scientifique et les distinctions nécessaires,
elle n'est que la fausse clarté, plus nuisible à la philosophie que le galimatias lui-même. Peut-être même
l'auteur se fait-il illusion en croyant s'attirer plus de
lecteurs avec sa méthode pour ainsi dire *cursive* en
matière d'idées et son art de glisser. Il est bien trop
philosophe pour les gens légers, que le titre seul de
son ouvrage doit mettre en fuite : Philosophie synthésiste! Quel monstre est-ce là? Nous-même, lecteur
lourd, et voué par état au genre ennuyeux, ou réputé
tel, nous en sommes effrayé. On dirait que M. R...,
après avoir fait son possible pour offrir le sacrifice de
la Philosophie aux Grâces, dans tout le cours de sa
composition, a craint à la fois d'être pris au mot et
qu'on ne sut pas bien qu'il avait fait, lui aussi, œuvre
de philosophe. Les analyses voulues pour la formation de toute synthèse, la synthèse exigée dans toute
conclusion, ne suffisent pas pour caractériser une
doctrine, et l'on ne voit pas en quoi M. R... est un
penseur plus synthésiste qu'un autre. On le voit d'autant moins, que la peur qu'il a de ressembler aux
plus illustres constructeurs de synthèse, tels que
Spinosa, qu'il prétend ne s'être pas compris eux-
mêmes (p. 9), l'empêche sans doute de réduire ses
vues en un seul système, de serrer ses arguments et
de donner une forme rigoureuse à ses définitions ;

d'où il suit qu'on aperçoit mal la dépendance réciproque des solutions qu'il propose en différents sujets. Par exemple, M. R... nous fait connaître (p. 215) son idéal de contrat social, il en emprunte les principes à la commune sociétaire de Fourier, et il est manifeste que le fondement qui lui en apparait pose sur les notions générales de justice et de droit. Si donc il s'agissait d'inviter les hommes à réaliser cet idéal qu'on leur présente, à le réaliser à la fois révolutionnairement et pacifiquement, au moyen d'un brusque *écart* des coutumes *civilisées*, la méthode serait claire et nette. Mais d'autre part, M. R... extrèmement frappé — et à trop juste titre — des maux de l'homme et de l'humanité, les croit attribuables à l'extrème jeunesse de notre espèce encore plongée dans la brute, et n'en attend le remède que d'un progrès, naturel, lent, très lent, qui exige un long déroulement de siècles et beaucoup de patience de notre part. De quoi dépend le progrès vers le bien, en quoi il est nécessaire, l'auteur ne nous l'apprend pas ; et comment il serait possible d'opérer hors des termes de la série, d'esquiver les conditions de temps, et de forcer en quelque sorte au mieux les résultats du destin, on ne le conçoit plus, s'il est vrai qu'il y a une loi inéluctable et que les maux actuels sont au nombre des produits de cette loi. La conciliation de deux méthodes si contraires ne paraît pas aisée. Il est manifeste que M. R... a suivi la marche commune de la plupart des disciples de Fou-

rier, et s'est laissé conduire par l'influence prédomi-
nante de l'école saint simonienne à des idées fort
différentes de celles du grand utopiste, aussi bien de
celles qui ont présidé au mouvement du XVIII° siècle et de la révolution française. Son *Synthésisme*
ne nous offre point la synthèse de l'esprit individuel
et de l'histoire, de l'expérience et des *a prioris* des
faits dans leur tristesse et de l'espérance dans sa té-
méraire obstination. Il croit donc au progrès parce
qu'il lui convient d'y croire, il juge le mal nécessaire
parce qu'il en voit la force et la profondeur, il esquisse un idéal social parce qu'il obéit à un dictamen de
justice et de raison pure pratique : mais on ne saurait dire qu'il forme de ses opinions un corps de
philosophie unique et cohérent.

Nous énumérerons maintenant une suite de points
sur lesquels ces opinions sont à combattre pour le
criticisme ;

1° L'erreur commune touchant l'esprit et la méthode des sceptiques : il n'est pas juste d'objecter
aux sceptiques qu'ils se contredisent en affirmant une
doctrine ; car ils n'en affirment aucune. Le doute est
un état de l'esprit, maintenu il est vrai, par la volonté, quand il devient systématique, mais cet état qui
prétend s'appuyer de motifs, et qui persévère à travers la recherche, n'est nullement une raison *prou-
vant dogmatiquement* par la raison l'impuissance de
la raison, ce qui serait en effet contradictoire : c'est
la raison opposant *pratiquement* les raisons aux rai-

sons, et ceci est fort différent. L'erreur de M. R...
au sujet du scepticisme est cause qu'il n'examine
point la question, selon nous fondamentale, de l'intervention de la passion et de la volonté dans tous
les jugements humains.

2° L'erreur sur la doctrine et le prétendu scepticisme de Kant : au premier abord M. R... semble
se bien rendre compte de l'essence de l'idéalisme
transcendental et du rôle des antinomies : mais il
cesse d'être sérieux (p. 35) quand il résume ainsi la
critique de la raison pure : « thèse : il n'y a rien ;
— antithèse : il y a quelque chose ; — synthèse :
comme il vous plaira. » Le charme de cette plaisanterie n'est pas assez vif pour faire oublier qu'elle ne
porte pas du tout.

3° L'erreur sur la définition de *l'en soi* et du *nou-*
mène : M. R... a confondu l'indéterminable subs-
tance avec les propriétés progressivement constatées
dans les objets par les sciences (p. 39 et 257). Alors
même que nous aurions défini scientifiquement tous
les corps du monde et leurs rapports, nous ne serions
pas plus avancés que nous ne le sommes, dans la
connaissance de *l'en soi* de la matière.

4° L'erreur sur les impératifs : ce nom d'impératif qui convient à l'obligation morale M. R... le donne
à la prétendue nécessité d'affirmation dans les jugements rationnels et les faits. Ceci ne l'empêche. pas
d'admettre toutes sortes de doutes en pratique, et la
nature incertaine de la foi, de la conviction, de la

croyance et des postulats et jusqu'à l'existence des antinomies qui marqueraient les limites de la connaissance (p. 46, 65). Comment l'auteur, parfois si pénétrant, fait-il pour ne pas voir que, si les antinomies sont insolubles, elles ôtent à ses *impératifs* toute leur force. Il est de fait que leur domaine s'étend à la matière des plus impérieux de ces impératifs.

L'auteur nous paraît s'approcher davantage et même beaucoup, d'une sérieuse méthode de raison pratique quand il nous présente — sous la garantie de la providence, il est vrai, plutôt qu'à la disposition de la liberté humaine — une « extension de la sphère du postulat, pour réduire peu à peu les causes de nos dissidences et mettre fin aux antinomies et aux sophismes. » La transition de « l'état antinomique à l'état postulé, » des propositions et des vérités sociales, s'est appliquée notamment ou s'appliquera dans l'avenir, suivant lui, à la loi monogamique du mariage, à la liberté, à l'égalité, au respect de la propriété, au respect de la vie, dont nous sommes encore plus qu'éloignés avec nos guerres plus que sauvages, et enfin à l'épuration de nos mœurs barbares, hypocrites, hideuses (p. 78-89).

La perfectibilité, la fraternité, la solidarité, la justice sont quatre principes qui « aspirent au postulat, » selon l'expression de l'auteur, que Dieu bénisse. « Au moment, dit-il, en parlant de la solidarité, au moment où l'homme sera convaincu qu'il ne peut être heureux à moins que son frère le soit en même temps, et que, tant que l'un de ses semblables souffrira par la faute des autres, toutes les joies seront empoisonnées, le mal sera définitivement vaincu, et la justice ne tardera pas à régner sur la terre... les douleurs des riches et des puissants sont faites, sans qu'il y paraisse, des misères de la multitude, et, quand un déshérité expire sur son grabat, on peut dire qu'il y a quelque part un privilégié que le destin châtie. Ce sont, en fin de compte, les misérables classes qui nous donnent les maladies et les tempêtes révolutionnaires. Leur bien-être est donc une question de salut public (p. 91, 99, 243). » Le principe en quelque sorte de dynamique morale, sur lequel M. R... fonde l'espoir d'une satisfaction future des aspirations humaines, c'est le fait même de l'existence de ces aspirations. Les attractions sont proportionnelles aux destinées et les font connaître, a dit l'école de Fourier ; M. R... dit à sa manière, (p. 233) : « Quand tous les éléments d'un système aspirent incessamment vers le même but, ce but est nécessairement atteint. Tous les hommes, même les plus impétueux, les plus réfractaires, aspirent à l'ordre... Au sein de nos sociétés civilisées où ce résultat — sauf perturbations intermittentes — est déjà obtenu d'une manière passable, se dessine un but encore plus élevé. C'est celui que nous désignons sous le nom de bonheur, dans son acception la plus complète et la plus noble. Tous le poursuivent et le désirent avec une ardeur infatigable, mais l'antagonisme de nos intérêts y fait une opposition redoutable. Si au lieu d'être des concurrents aveugles, nous étions des associés intelligents, il est clair que cette opposition s'évanouirait d'elle-même. Or, comme après tout nous sommes des créatures douées de raison, comprenant et découvrant chaque jour de nouveaux rapports, il est impossible que nous ne trouvions pas à l'aide des siècles, celui que nous avons le plus à cœur de connaître. Nous réaliserons donc un jour l'association de nos intérêts, et, par elle, le bonheur de notre espèce, dans la paix et l'unité... On peut affirmer que l'humanité chaotique actuelle, aspirant au bonheur par tous ses éléments, finira par l'atteindre. C'est là notre véritable destinée... » Le sentiment qui dicte ces lignes nous paraît plus louable que l'argumentation n'est satisfaisante. Kant a pris pour un de ses postulats l'accord du bonheur et de la vertu, mais il n'a ainsi établi l'hypothèse de *l'harmonie* que sous des conditions encore inconnues, ou ultérieurement réalisables, et non comme un effet nécessaire de l'ensemble de nos passions développées dans le présent monde. Pour l'envisager autrement que n'a fait Kant, on ne saurait se contenter de poser en général, une destinée correspondante à certaines aspirations humaines : il faut en outre montrer comment et pourquoi la *loi* de cette destinée doit triompher des causes perturbatrices, et pour cela la faire connaître en son caractère dominateur de tout

libre arbitre et de tout mal à la longue. C'est ce que
nous ne voyons pas que M. R... ait essayé de faire,
et c'est pour cela, nous le disions en commençant,
qu'il manque à sa construction *synthésiste* un accord
entre le principe visiblement subjectif de sa foi socia-
le, et l'étude des conditions objectives du progrès de
l'humanité. Il a beau ne tenir point compte, comme
élément et cause de désordre, de la liberté morale
qu'il montre soumise au joug commun de tous les
phénomènes, au moins dans les moyennes de ses
déterminations (p. 227) il lui resterait encore à
prouver que les *écarts du bien*, dans le monde,
quelles que soient leurs causes, sont constamment
renfermés dans les limites telles qu'on puisse affirmer la convergence définitive des passions et des
actes.

M. R... est mathématicien : il sait donc que les
écarts possibles, en tout ce qui subit l'application de
la loi des grands nombres, augmentent avec le nombre des épreuves ; et comment peut-il assurer que ces
écarts ne s'opposeront pas toujours à l'établissement
de l'harmonie, alors qu'ils s'y sont toujours opposés
dans le passé, dans la série déjà si longue des épreuves que l'expérience et l'histoire livrent à nos médi-
tations ? « Les évènements, dit-il, que la liberté produit dans le cours des siècles, ne font dans leurs
écarts qu'osciller autour d'une direction moyenne
qui représente précisément la loi de ses mouve-
ments. » Très bien : mais il faut établir, dans l'es-

pèce, l'existence d'une telle direction invariable et la possibilité d'atteindre un point déterminé en la suivant, un point où se réalise une harmonie humaine, si ce n'est entière, au moins suffisante.

Nous dirons maintenant quelques mots des principes de morale adoptés par l'auteur. Ils sont utilitaires et altruistes, altruistes, c'est-à-dire au fond égoïstes. M. R... a des pages spirituelles et piquantes sur le rôle de l'égoïsme et sur celui de l'imagination et de l'idéal en amour. Il s'attache à montrer que tous les mobiles humains rentrent dans la recherche du plaisir, en prenant ce mot dans son acception la plus large qui s'étend aux sentiments nobles et élevés, et même au sacrifice (p. 95-111). Et, en effet, il n'y a pas, tant s'en faut, entre l'égoïsme et l'altruisme, l'abîme qu'on voit ordinairement et que la contradiction des mots semble supposer. Quant au respect, quant au devoir, il n'en est pas de même. Aussi reprocherons-nous à l'auteur d'avoir méconnu la morale de l'obligation. Il nous parle bien du *droit* et du devoir, et il admet comme nous la nature corrélative de ces deux termes. Il cherche le siége du droit et du devoir dans la conscience, et non dans l'ordre social où ils sont gravement altérés en tant de choses (p. 122). Mais, s'agit-il de les définir, il fait consister le second (le droit) dans « la faculté de faire le bien et d'éviter le mal » ce qui n'est pas clair et ce qui paraît bien impliquer une menace contre la liberté ; et il fait consister le premier (le devoir), dans l'obligation correspondante à cette faculté. Qu'est-ce donc que ce bien moral qu'il faut faire, et ce mal moral qu'il faut éviter.

La grande pierre d'achoppement est là. « Un acte moral, dit M. R... est celui qui est intentionnellement profitable à un de nos semblables; mais sous la réserve expresse, bien entendu, qu'il n'est pas en même temps nuisible à un autre... Un acte immoral est celui qui nuit à un être humain, quand même il pourrait en résulter un plaisir ou un avantage pour un autre » (p. 119-120). Il se présente, à ces définitions, plus d'une difficulté. Contentons-nous de remarquer qu'elles subordonnent la moralité à la connaissance et à l'appréciation de ce qui est réellement utile ou nuisible à nos semblables. Une telle morale comporte à l'occasion la justification de l'Inquisition, comme essentiellement utile à ses victimes et à l'humanité en général. L'impératif moral de M. R... est de ceux que Kant a nommés *hypothétiques*, par opposition au principe de la dignité et du respect, à la justice qui est l'impératif catégorique et l'unique notion correcte de l'obligation. (Voyez les numéros 13, 15 et 17 de la *Critique philosophique* de cette année, particulièrement à la p. 206).

La doctrine des impératifs hypothétiques condamne la morale à l'arbitraire dans les applications, parce qu'elle fait dépendre le devoir d'un jugement complexe, variable et des plus incertains, presque tout composé de suppositions et de prévisions fail-

libles et, partant plus sujet que tout autre à subor-
nation de la part des passions. En fin de compte on
est obligé de s'en remettre à la judiciaire individuelle
et aux bonnes intentions, dont l'enfer est pavé,
comme dit la sagesse des nations. « Dans les circonstances où il y a doute sur le caractère et les
conséquences d'un acte, l'appel à la conscience est
la seule casuistique à proposer. Si après réflexion
loyale, un mal se produit, il y a erreur, non immora-
lité, car ce qui constitue le vrai titre moral d'un
acte c'est son intention et non ses résultats » (p. 265).
Il ne faut pas s'étonner, si, plaçant ainsi le caractère
de l'acte moral d'une part dans l'appréciation intel-
ligente de l'utilité, laquelle dépend des faibles lumières de chacun, et d'autre part dans l'intention
facile à se contenter, habile à s'illusionner, l'auteur
a dans le cœur des trésors d'indulgence pour ces
pauvres humains et leurs erreurs, lamentables sans
doute, en somme plus à plaindre qu'à blâmer. En
même temps il se tient fortement en garde contre les
accès de brutalité auxquels sont sujets ces « enfants
de quelques jours » — qui sont aussi de vieilles bê-
tes, car l'humanité est encore si jeune et l'animalité
si ancienne !... « ces êtres vagissants, dit-il, dont les
jambes trébuchent. »

« Chaque homme pouvant devenir dangereux
quand les circonstances dégagent outre mesure sa
bestialité, il en résulte qu'il est prudent, en thèse
générale, de ne compter sur aucun. Mais il est juste

d'ajouter à titre de correctif, qu'il en est peu qu'on ne puisse se rendre favorables, comme autrefois les Dieux, à l'aide de certains sacrifices. En se montrant toujours généreux, indulgent et serviable, on est à peu près certain de dégager chez son semblable toute la part de divinité qu'il possède, et d'établir ainsi avec lui des relations agréables et jusqu'à un certain point sûres. Il n'est pas de méchant qui ne soit sensible au bien qu'on lui fait, pas de prostituée qui ne soit touchée des égards qu'on lui témoigne ; s'il en est ainsi pour des gens de cette condition, il est évident qu'il doit en être au moins de même pour des sujets placés moins bas dans l'échelle morale. Le problème des relations, malgré les apparences est donc très facile à résoudre pour un *synthésiste*. Deux préceptes bien simples lui suffisent.

« *Donner* et *pardonner*.

« En les pratiquant on est à peu près sûr de vivre en bons termes avec la grande majorité des humains, et de n'avoir affaire qu'à la part variable de divinité qu'ils récèlent » (p. 186). Cette traduction amusante du précepte *vincere in bono malum*, a déjà l'inconvénient de respirer une odeur de mépris assez peu saine ; mais l'auteur s'écarte bien plus de la justice et prête au reproche de sacrifier le devoir à ses aises — en théorie bien entendu, car je ne saurais parler d'autre chose — quand il dit : « Dans le plus grand nombre de cas, il est avantageux de donner à qui vous demande et de céder à qui veut vous prendre.

La meilleure méthode à suivre envers les trompeurs
est de paraître ignorer leurs manœuvres. Un domes-
tique à qui on donne sur ce point une certaine lati-
tude, vous sert généralement avec plus de zèle qu'un
autre ; une maîtresse et un ami qui vous trahissent,
sont pour le même motif sensiblement plus agréables
que ceux qui vous sont scrupuleusement fidèles.
Heureux celui qui a su se rendre assez fort pour
supporter sans douleur la tromperie ! Il est sûr de
n'avoir autour de lui que des visages charmants. Et
si en même temps, il est assez droit pour ne trom-
per personne, il ne peut manquer de jouir d'une
double satisfaction dans les profondeurs de sa conscience...

« L'indulgence est du reste bien naturelle quand
on sait que la plupart des hommes, et surtout des
femmes, n'ont encore qu'une conscience intermit-
tente et n'agissent souvent que par une sorte d'en-
traînement physiologique.

« Il n'y a évidemment que deux franches manières
de comprendre les relations humaines. La première
se dégage de nos principes et conduit à une indulgence transcendante : la deuxième consiste à ne rien
pardonner et aboutit à une intolérance tout aussi
transcendante. Les avantages de celle-là sont évi-
dents, mais les inconvénients de celle-ci ne le sont
pas moins.

« Si vous voulez vous fâcher avec tous ceux dont
vous pouvez avoir à vous plaindre, il faut renoncer

à tout commerce avec vos semblables, ou mettre flamberge au vent et transpercer à tort et à travers, jusqu'à ce qu'on vous ait transpercé vous-même. Or, cette destinée d'injure et de sang ne peut guère convenir qu'à des mortels dont la tête et le cœur manquent absolument d'équilibre.

« L'indulgence transcendante, sauf le cas rare d'agression directe, est donc la seule attitude à la fois digne, juste et profitable, à prendre dans les relations humaines » (p. 274).

Juste, c'est précisément ce que l'indulgence universelle et systématique n'est point. La dichtomie : indulgence, intolérance, n'est pas exacte. Entre ces deux systèmes il y a la justice. Toute personne est, dans les relations humaines, une conscience juge, et cette conscience même devient d'individuelle collective et se traduit, dans l'ordre social, en institutions judiciaires. L'attitude juridique de l'esprit lui est aussi essentielle que l'aptitude passionnelle au pardon ou à la vengeance.

L'indulgence *transcendante* serait à l'égard des hommes, un vrai déni de justice au même titre que peut l'être une disposition à se dresser à tout propos contre eux, à ne rien souffrir de ce qu'ils opposent à nos prétentions ; ils ont le droit d'être jugés, ils ont au besoin celui d'être condamnés et punis, a dit très justement Platon. C'est pour nous tous un devoir de nous prêter mutuellement ce tribunal sacré de la conscience et d'y comparaître à tout appel les uns devant les autres. Il est vrai qu'il n'est pas de devoir dont nous nous acquittions avec plus de légèreté ou de partialité d'un côté, plus de faux respect humain de l'autre, que ce double devoir de juges et de prévenus. Les vaines médisances du monde et les déviations du sentiment de l'honneur en font bien foi ; mais il n'en est pas non plus que nous remplissions plus constamment et plus volontiers dans toutes les sphères de notre activité publique et privée. C'est une des assises fondamentales de la nature humaine, aussi reconnaissable chez le sauvage que chez le civilisé.

L'absence du principe juridique et de la règle rationnelle de la moralité, dispose l'auteur à une indulgence peut-être excessive à l'égard de l'Eglise papiste, en laquelle s'observe la même lacune. Cette Eglise suivant lui (p. 139), « demeure de nos jours, quoi qu'on dise, une école de morale qu'il serait imprudent de fermer. » Imprudent cela se voit assez ; mais non pas sans doute en tant qu'école de morale, puisqu'il est également évident à quiconque n'en partage pas la foi, que cette école est de toutes nos écoles de religion et de philosophie celle dont l'enseignement élève le moins l'âme ; pour ne rien dire de plus ici et rester dans les termes de la plus extrême modération.

La même raison qui incline M. R... à témoigner à l'Eglise papiste une faveur relative, le rapproche notablement des opinions positivistes qu'il veut pourtant combattre. Sur les points de métaphysique et de religion, il les combat en effet. Il accepte les grands postulats religieux comme probables, en ce qu'ils donnent satisfaction au groupe des faits moraux dans l'univers. Il admet un Dieu coéternel au monde, l'animant et le gouvernant ; personnel, pas précisément, plutôt de la nature des lois, et cependant n'excluant tout-à-fait ni la prière à laquelle on peut concevoir une efficacité réelle, même objective, (1) ni le culte « ce grand opéra des âmes. » Il croit enfin à l'immortalité personnelle et à la puissance plastique du mérite et du démérite, puissance prolongée au-delà de la vie présente, et capable de former des âmes pour des enfers et des paradis compris dans l'ordre souverain de la nature. Tout cela est assurément bien loin du positivisme, et toutefois l'auteur appartient à cette école en morale, puisqu'il est utilitaire, altruiste, déterministe, partisan du progrès spontané et nécessaire de l'humanité, et négateur du principe de la Révolution et

(1) « Après de longues et très agréables causeries sous les ombrages de St.-Germain, il (le Père Enfantin) finit par admettre, malgré le caractère panthéiste de ses doctrines, l'utilité et l'efficacité de la prière dans certaines limites. Duverrier, qui prenait quelquefois part à nos entretiens, admit même que cette efficacité pouvait aller dans certains cas jusqu'au soulagement des malades. Et il expliquait ce merveilleux phénomène par une sorte de courant que l'âme, dans ses efforts suppliants, parvenait à diriger, dans le grand océan de la vie, ou Dieu, vers l'objet aimé. » (p. 152).

du droit, avec lequel il ne laisse pas de se rencontrer en certaines conséquences et dans la poursuite d'un même idéal.

Malgré les dissidences graves que nous avons dû accuser entre les doctrines de M. R... et les nôtres, nous croyons que son livre peut être recommandé comme d'une lecture instructive et agréable. Il a voulu sérieusement être utile : il nous le dit en termes semi-plaisants qui ont bien leur noblesse mêlée de naïveté ; et il peut y avoir réussi pour une classe de lecteurs mais non pas peut-être jusqu'au point « de jeter les bases d'un système philosophique capable de faire école et d'engendrer des disciples » (p. 6) ; car il lui manque pour cela la complète unité d'origine et de but dans les conceptions.

CH. RENOUVIER.

RÉPONSE

Mon cher camarade,

Le compte-rendu que tu as bien voulu consacrer à ma *Philosophie synthésiste* présente, dans un cadre réduit, toutes les qualités qui te distinguent. Il y règne, en outre, un ton de bienveillance qui perce à travers tes critiques, et qui porte à mon cœur, le souvenir bien cher de la mère commune qui nous a nourris de son lait scientifique. Ma première pensée, en te répondant, est donc de te remercier d'avoir daigné présenter mon œuvre en si bons termes, aux esprits d'élite qui te lisent et savent t'apprécier.

Ces sentiments posés, permets-moi de répondre

succinctement, aux objections que tu m'adresses et qui, venant de toi, méritent une attention sérieuse.

Un mot d'abord, sur mon point de vue et mon intention.

La philosophie doit apprendre à l'homme à juger et à se conduire. C'est donc la première des sciences. Or, il arrive que c'est précisément la moins étudiée et la moins connue. Il y a là un mal dont notre espèce tout entière souffre. J'ai pensé qu'on parviendrait à l'atténuer, en rendant cette science moins obscure, plus engageante et plus pratique. C'est ainsi que j'ai été amené à traiter, d'une manière assez simple, les trois objets essentiels de la connaissance, et à présenter des réponses, sinon toujours justes, du moins toujours claires, aux diverses questions que le pauvre mortel s'adresse souvent, quand il tient à savoir ce qu'il fait. Il en est résulté un petit système, dont les éléments sont liés et solidaires, et qui peut être utile aux personnes en quête d'une orientation, qui leur permette de naviguer sans trop de périls, parmi les écueils de notre logomachie. C'est bien le moins que j'aie cette modeste opinion de mon œuvre, car sans elle, je serais parfaitement ridicule — pour me traiter poliment — d'en entretenir un instant mes semblables. Tu m'accorderas bien, faute de mieux, que mon intention est louable et qu'elle a sa place marquée sur la grande chaussée de l'enfer. C'est toujours ça.

Maintenant, passons successivement en revue, les

diverses objections que tu m'opposes, avec l'autorité
que tes longs et remarquables travaux ont su te
mériter.

Je n'ai pas de réclamation à faire contre ton appréciation de la forme qui m'est particulière, et que tu
désirerais plus sérieuse et moins *cursive*. C'est là, à
mon avis, une simple affaire de sentiment. Le plaisant et le grave se mêlant à chaque heure, dans les
faits humains, je ne vois, pour ma part, aucun inconvénient à ce qu'il en soit de même dans un livre,
quand la chose est possible. Je trouve que cette méthode a l'avantage d'introduire quelque agrément dans
une exposition aride, et de permettre, suivant l'expression consacrée, de dorer les pilules. Tu ne penses
pas de même, et tu as parfaitement raison à ton point
de vue. C'est là une petite antinomie qui me paraît
très insignifiante, et que j'abandonne volontiers à son
destin.

Je tiens davantage à la clarté, et c'est pourquoi je
préconise, comme pierre de touche, la réduction de
toute thèse à la proposition simple. Sans doute il
faut une attention soutenue pour comprendre certaines choses, mais quand cette attention a été conscien-
cieusement prêtée, et que le philosophe n'a pas été
compris, on a tout lieu de conclure que le dit philosophe ne s'est pas compris lui-même.

Je demandais un jour à un positiviste de mes amis,
qui raffolait d'Hegel, de vouloir bien m'expliquer
certains passages de celui-ci, qui m'avaient toujours

paru du pur chinois. L'enthousiasme que le dit ami professait pour le philosophe dont un portrait — une haute croûte, d'ailleurs — ornait le bureau; me faisait espérer de trouver enfin en lui, un commentateur intelligible. Grande fut ma déception! Après avoir *nébulosé,* — passe-moi l'expression — dans toutes les régions du confus et de l'insaisissable, mon commentateur aux abois, n'y pouvant plus tenir, finit par pousser un éclat de rire, que, malgré la *gravité* de la situation, je me mis immédiatement à partager. Cet aveu me suffit, et depuis je fus fixé sur Hégel et ses disciples.

Hégel est-il le seul dans ce cas? Toi qui connais si bien l'obscure tribu des philosophes, tu n'ignores point qu'il a eu des imitateurs moins forts que lui, il est vrai, mais encore d'une jolie force.

Mes lacunes de gravité peuvent donc se justifier, même à tes yeux, par le besoin généralement senti, d'opérer un retour offensif contre le nébuleux qui nous obsède depuis trop longtemps.

Tu ne m'accordes pas d'être un penseur plus synthésiste qu'un autre. Cela tient, je crois, à ce que nous n'entendons pas le mot SYNTHÈSE de la même manière.

Pour moi, une synthèse philosophique se compose essentiellement des trois objets que j'ai traités, à savoir : *Critère du jugement — Conception générale du monde — Règle de conduite.* Quand une philosophie ne donne pas une réponse claire et précise à ces trois questions fondamentales, je lui refuse le titre de synthésiste. Comme ce qualificatif est un peu de ma fabrique, et qu'il pourrait même m'être reproché par l'académie, j'ai bien le droit, ce me semble, de l'employer suivant mes vues. D'après cela, il est évident que je puis me croire un peu plus synthésiste qu'un autre, puisque je ne trouve pas chez mes illustres confrères, du moins dans sa simplicité catégorique, la solution que j'ai tentée. Je m'empresse d'ajouter que chacun conserve le droit de trouver cette solution insuffisante et même absurde, et que je suis bien loin d'en être fier. Je me dis seulement, que quelques-uns la trouveront peut-être de leur goût, et je me console par l'espérance que je pourrai leur être de quelque utilité, dans les incertitudes de la vie. C'est un lot bien modeste, mais il me suffit. Il ne faut pas être philosophe que de nom.

Nous sommes tous, plus ou moins, les fils spirituels des grands penseurs qui nous ont précédés et qui ont rayonné sur nous leurs lumières. Nos esprits, comme des prismes, réfractent ces lumières en y mêlant celles qui leur sont propres, chacun suivant sa densité et sa nature. Sans doute, dans tout ce que j'ai réfracté, on doit trouver des rayons de Saint-Simon, de Fourier et de bien d'autres, on doit aussi en remarquer des liens, car c'est à la profonde méthode critique, que je suis redevable d'avoir pris goût à la philosophie et d'avoir pu coordonner mon petit système. Mais ce n'est pas un motif pour que ce produit soit composé d'éléments contradictoires, comme tu parais l'admettre. Les diverses couleurs du spectre, ne sont pas nécessairement en contradiction, car on peut les unir pour n'en former qu'une.

Je ne crois pas au progrès, par simple convenance, comme tu me le dis, mais parce que je le constate depuis l'origine de l'homme sur la terre. Quand je compare la femelle du troglodyte, notre vilain ancêtre, à Mme la marquise de Caux, par exemple, pour ne citer qu'une série, je demeure convaincu que le progrès, quoique lent en apparence, est la loi de notre espèce. Je crois à l'extrème jeunesse de celle-ci, parce que la géologie et l'astronomie me l'imposent avec une autorité, en quelque sorte, mathématique. J'en conclus que nous ne sommes encore qu'à l'état chaotique, socialement parlant, circonstance qui explique naturellement, pourquoi nous sommes encore si barbares, et pourquoi nous nous exterminons si volontiers.

Passons maintenant aux points que le criticisme combat plus directement et qui, d'après lui, représentent mes erreurs, ou plus exactement mes dissidences.

1° Je n'ignore pas que les sceptiques ne prouvent pas *dogmatiquement* l'impuissance de la raison par la raison, ce qui serait, dans ces termes, une contradiction trop choquante, mais c'est tout comme. Ils lient des faits par des jugements, et quand on les attaque, ils se mettent à raisonner ni plus ni moins

que des rhéteurs convaincus. Si ce n'est pas là se
servir de la raison, après avoir déclaré qu'elle n'est
bonne à rien, j'avoue que je ne comprends point.
C'est d'ailleurs là une subtilité antinomique à laquelle
je n'attache aucune importance.

2° Je ne crois pas m'être trompé en considérant
Kant comme le plus redoutable des sceptiques. Quand
un homme fait de profonds volumes pour établir, en
fin de compte, que le monde n'existe pas en soi, et
que nous n'existons pas plus que le monde, il est
bien permis de le classer parmi les négateurs à ou-
trance qui ne croient à rien du tout. Je n'ignore
point que dans sa *Raison pratique,* il tente d'établir
le contraire et de corriger les désastres produits par
sa *Raison pure.* Ce qui constitue la plus colossale
contradiction que le génie humain ait enfantée, et
dont il est bien loisible de plaisanter un instant pour
éviter d'en pleurer. Ces deux raisons qui s'annulent,
m'ont d'ailleurs paru peu dignes de la rigueur philosophique. La raison est essentiellement une. C'est la
faculté qui nous permet de saisir le rapport des choses. Ces rapports sont de trois sortes : impératifs —
postulés — antinomiques. Les premiers répondent à
la certitude, les seconds satisfont les besoins du moment, les troisièmes oscillent dans la controverse en
attendant d'être élevés aux postulats, s'ils en sont
dignes. Les rapports impératifs sont les seuls qui
puissent s'appeler vrais, les autres ne sont que dou-
teux, malgré la prétention de quelques-uns à se don-

ner pour certains. D'après cela, bien que j'aie pour Kant un profond respect, comment veux-tu que je ne trouve pas étrange l'intervention de ses deux raisons qui se battent, et que je ne profite pas de leurs querelles confuses, pour mêler un instant le plaisant au sévère ? Vraiment le cas est bien pardonnable.

3° Je ne crois pas faire, au sujet du *noumène* ou de l'*en soi,* la confusion que tu m'attribues. Une chose *en soi* n'existe et ne peut être connue que par ses propriétés. Or, quand par le progrès des sciences, je serai parvenu à connaître toutes les propriétés de la matière, il est clair que celle-ci n'aura plus rien de caché pour moi. Le dernier terme de la matière, n'est-il pas l'atôme? Et bien, quand je posséderai la physiologie complète de cet atôme, est-ce que je ne posséderai pas en même temps l'*en soi* de tout ce qui est? Il n'est donc pas exact de dire, comme Kant, que l'*en soi* de la matière ou le *noumène* sera toujours hors des limites de la connaissance. J'ai beau tourner l'objection dans tous les sens, je ne puis pas la comprendre d'une autre manière.

4° Un *impératif* ne peut être qu'une proposition qui s'impose absolument. Il n'y a donc d'impératif que pour la raison et non pour la conscience. Celle-ci restant constamment libre d'accepter ou de repousser une obligation, suivant la casuistique qu'elle s'est faite, est par cela même affranchie de tout impératif et n'est soumise qu'à des postulats. L'erreur de Kant, à mon avis, a donc été d'employer ce qualificatif pour désigner une obligation morale, car il n'y a en fait que des obligations rationnelles. Ceci posé, je ne comprends pas comment une antinomie pourrait enlever une partie quelconque de sa force à un impératif, ainsi que tu parais l'admettre. Voyons : j'ignore si le monde a eu un commencement ou bien s'il a existé de toute éternité. C'est là une antinomie transcendante que je ne puis résoudre. Mais, est-ce que cela m'empêche d'être certain, que la surface d'une sphère est égale à quatre grands cercles et que la terre tourne sur son axe? La raison trouve ici, comme partout, des limites qu'elle n'a pu encore franchir et qu'elle ne franchira peut-être jamais, mais, cette circonstance toute naturelle, n'infirme en rien la certitude de ce qu'elle possède déjà d'une manière impérative.

Ici se place une objection sérieuse qu'un mathématicien profond comme tu l'es, devait naturellement faire. C'est celle qui oppose à la réalisation de l'harmonie humaine, les écarts possibles de la loi des grands nombres. Bien que notre espèce ne cherche que le bonheur, il peut arriver, en effet, qu'elle ne parvienne jamais à le réaliser autant qu'il peut l'être. Mais à défaut d'une certitude, on peut alors se rattacher à un probabilisme des plus rassurants. Quand l'humanité au lieu de chercher le bonheur, comme elle le fait encore, par des efforts individuels, incohérents et hostiles, le poursuivra par des efforts collectifs et associés, après avoir reconnu hautement qu'elle n'a pas d'autre but, les chances de succès augmenteront dans une proportion considérable. Nous marcherons alors vers ce but d'un pas si direct, qu'à moins de cataclysmes imprévus, on ne voit pas vraiment, comment nous pourrions le manquer.

Je crois m'apercevoir que mes notions du bien et du mal n'excitent pas trop ta désapprobation. Cependant ma règle de morale que j'ai tenté de rendre simple et surtout pratique, te paraît entraîner des conséquences graves, telles que la justification de l'Inquisition, par exemple. Je ne vois pas de la même manière. L'Inquisition représente un pouvoir public. Or les pouvoirs publics n'ont pas de morale, et dans l'état présent ne peuvent en avoir aucune. Ils ont la raison d'Etat, le salut public, idoles formidables devant lesquelles ils sacrifient tout. La règle de morale dont je parle, ne s'applique évidemment, qu'aux relations des individus entr'eux et dans les limites des faits terrestres. Suivant cette règle donc, celui qui me tuera pour m'envoyer en paradis, sera toujours un abominable coquin. Le principe de respect et de dignité dont parle Kant, me paraît bien autrement vague et arbitraire que celui que je pose. En définitive, si l'on ne confie pas la morale à la conscience, il faut la confier au bon gendarme, après l'avoir solidement codifiée. Je ne puis concevoir que ces deux solutions, et comme la seconde me paraît entraîner des conséquences épouvantables, je suis bien forcé d'adopter la première. J'ai la conviction que tu fais comme moi.

Le précepte *donner et pardonner* te paraît commode pour sacrifier son devoir à ses aises. Je ne suis pas de cet avis. A mes yeux le premier devoir de l'homme est d'être bon et indulgent envers son semblable, et ce devoir est extrêmement difficile à pratiquer. La preuve s'en déduit du petit nombre d'apôtres et de dévoués qui honorent notre espèce. Il me semble au contraire beaucoup plus facile de se poser en justicier, comme le veut Kant ; c'est ce qui fait que tout le monde s'en mêle avec une injustice et une passion, qui ne servent qu'à perpétuer nos haines et nos malentendus.

Quant à l'Eglise papiste, tu reconnais toi-même l'imprudence qu'il y aurait à la fermer, si on le pouvait. Cela se comprend du reste. Elle présente la seule synthèse encore acceptable pour le plus grand nombre. Son école de morale n'est pas déjà si mauvaise, puisqu'elle produit la sœur de charité qui ferme les yeux au pauvre mourant abandonné de tous. Il est vrai qu'elle obtient ses plus beaux résultats, en promettant le paradis en échange du sacrifice. Mais je défie bien qu'on obtienne jamais d'un mortel, quoi que ce soit. sans le lui payer en monnaie de bonheur à vue ou à échéance. Ses procédés sont donc si intelligents qu'il est impossible de les remplacer par d'autres. C'est d'ailleurs la seule institution qui s'occupe de *l'éducation humaine*. et qui

fait que des pères même athées, envoient leurs enfants à ses écoles et répugnent à les confier aux ly-
cées universitaires, d'où ils sortent ce que nous les
voyons. Il en résulte que cette Église papiste, malgré les reproches qu'on peut lui adresser — quelle
institution actuelle n'en mérite pas ? — est, à mon
avis, digne des égards et des ménagements d'une
philosophie qui voit les choses de haut et d'ensemble.

Je ne m'explique pas que tu me considères comme
un négateur du droit et de la révolution. Je n'ai de
ma vie, ce me semble, écrit un mot qui puisse justifier une pareille appréciation. Non seulement, je
suis partisan de la petite révolution qui s'est faite à
la fin du siècle dernier, mais encore j'en conçois une
tellement radicale, que les radicaux officiels eux-mê-
mes, en seraient bouleversés, si je pouvais leur en
formuler le programme. Seulement je la veux lente
et pacifique, se réalisant par l'assentiment pro-
gressif de tout le monde, pour qu'elle soit sûre et
féconde.

Mais, nous traitons là des questions qui demande-
raient des développements que cette réponse écour-
tée et rapide ne comporte pas. Je sens même que
j'aurais dû m'arrêter plus tôt pour ne pas abuser de
la patience.

En résumé, mon bon ami, je crois avoir fait une
synthèse, dans le sens qu'on doit attacher à ce mot,
et que cette synthèse coordonne d'une manière ac-

ceptable ce qu'il faut penser de ce monde, de telle sorte qu'elle peut être utile à ceux qui n'en ayant point à leur disposition, ne seraient pas fâchés d'en trouver une toute faite, et surtout d'une digestion facile. Quant aux autres déjà pourvus, il est à peu près certain qu'ils n'abandonneront pas la leur pour accepter la mienne. Mais je leur aurai au moins fourni un terme de comparaison, ce qui n'est pas tout-à-fait à dédaigner.

Toujours à toi de tout cœur,

Ch. Richard.

ÉPILOGUE

Les derniers mots de la critique à laquelle je viens de répondre, me paraissent mériter quelques courtes observations complémentaires.

Ch. Renouvier termine en me refusant l'espérance « de faire école et d'engendrer des disciples, » parce qu'il me manque « la complète unité d'origine et de but dans mes conceptions. »

D'abord faire école et engendrer des disciples ne peut paraître une bien grande prétention, quand on songe à toutes les balivernes philosophiques qui ont eu ce privilége, sans compter les nébulosités allemandes. La chose pourrait donc se faire, sans que je fusse disposé le moins du monde, à en tirer vanité. Je n'attache donc aucune importance à une éventualité de cette nature. Mais je suis très sensible au reproche de manquer d'unité d'origine et de but. Je déclare même naïvement, que je me crois à peu près certain de n'en pas manquer du tout.

L'origine de mon système est dans la loi même de la raison, réduite à ses termes les plus simples.

J'ai établi que la raison évoluait à travers trois états distincts : L'antinomie, le postulat et l'impératif. Tout rapport perçu par la raison est nécessairement classé dans l'une de ces trois catégories, et il est absolument impossible de le concevoir ailleurs. L'antinomie prépare le postulat, le postulat se fait généralement accepter, et l'impératif s'impose de lui-même. La raison est gouvernée d'une manière irrésistible par le postulat et l'impératif. Dans l'application elle méconnaît quelquefois ces deux pôles, mais elle y revient toujours comme l'aiguille aimantée vers le centre qui la sollicite. Sa destinée, son rôle fatal ou providentiel, comme on voudra, est de réaliser les rapports de ces deux catégories. Toutes ses luttes n'ont eu et n'auront jamais d'autre but. Il en résulte alors une loi supérieure, ou plus exactement synthésiste, puisqu'elle les englobe toutes, qui permet de formuler les prévisions que les évolutions humaines autorisent. C'est en quelque sorte, le don de prophétie rationnelle, mis à la disposition du génie de l'homme.

Cette loi peut s'énoncer de la manière suivante : « *Les impératifs et les postulats que comporte chaque catégorie de rapports, déterminent les évolutions que l'humanité doit inévitablement accomplir pour arriver à leur réalisation.* »

Il me semble que voilà une origine et un but assez

clairement définis. Si l'unité manque à cette conception, je déclare humblement ne pas comprendre le
sens de ce mot.

Après avoir établi la loi, je donne quelques exem-
ples de son emploi à diverses catégories de rapports
désignés sous les noms de : Religion, politique, socio-
logie, etc. De sorte qu'après l'unité de vue arrive
l'unité d'application ; ce qui fait que je comprends
encore moins le reproche final de mon ami Renouvier.

A côté de la loi de la raison il y a aussi une conception générale du monde physique, conforme aux
dernières données de la science et même les dépas-
sant un peu. Il me semble que tout cela peut bien
s'appeler une synthèse et constituer un système philosophique suffisamment lié. Maintenant, je le répète,
que quelques-uns trouvent ce système incomplet et
même absurde, c'est parfaitement leur droit. Mais à
côté d'eux peuvent s'en trouver d'autres qui le trouvent de leur goût.

Me ferais-je illusion, dans cette espérance modeste ? La chose n'est pas impossible, car l'illusion se
mêle hélas, à toutes nos espérances. C'est aux rares
lecteurs que ces questions peuvent intéresser, qu'il
appartient de le décider. Je m'en rapporte avec con-
fiance, à leur jugement.